Dieses Buch gehört:

_____

Christliches Bastelbuch

BASTELIDEEN FÜR KINDER ZU RELIGION UND GLAUBEN

Vorwort

Warum feiern wir Weihnachten und Ostern, was hat es mit Jona und dem Wal auf sich und was hat die Martinsgans mit dem heiligen Martin zu tun? Die Religion ist in unserem Alltag immer weniger präsent und damit kommen auch Kinder immer seltener mit zentralen Themen und Aussagen des christlichen Glaubens in Berührung.

Die Bastelideen in diesem Buch sollen den Kindern helfen, einen einfachen und spielerischen Zugang zur Religion und zum Glauben zu finden. Eine wichtige Rolle spielen dabei die Feiertage im Kirchenjahr und das damit verbundene Brauchtum. Auch die Bibel hat viele interessante, lehrreiche und spannende Geschichten zu bieten, die Kinder nachbasteln und nachempfinden können. Außerdem werden Werte wie Liebe, Achtsamkeit und Mut behandelt, die in der täglichen Begegnung mit unseren Mitmenschen wichtig sind. Um die Inhalte zu vermitteln, wird jedem Modell eine kurze Erklärung beigefügt.

Auf kreative Weise Religion zu begreifen und Glauben zu gestalten – das ist das Anliegen dieses Buches. Viel Freude beim Basteln, Spielen und Lernen!

Birgit Karl   Anja Ritterhoff

Eva Sommer

Gewusst wie

Grundausstattung

Diese Materialien und Werkzeuge werden für die meisten Bastelarbeiten benötigt. Sie werden in den einzelnen Materiallisten nicht mehr genannt.

* Kinderschere
* Klebstoff, z. B. UHU Alleskleber, Klebestift
* harter und weicher Bleistift
* Radiergummi
* Anspitzer
* Lineal
* (festes) Transparentpapier
* dünner Karton

* Haarpinsel, Größe 6 bis 10
* feiner Filzstift in Schwarz und Rot (Permanentmarker)
* Buntstift in Rot
* Filzstifte in verschiedenen Farben
* Küchenmesser
* Nähnadel
* Zirkel

Hinweise

Mit „Rest" wird immer ein Stück bezeichnet, das maximal A5 groß ist.

Bei wenigen Modellen wird Heißkleber verwendet oder mit Cutter oder Lochzange gearbeitet. Bei diesen Modellen muss den Kindern von Erwachsenen geholfen werden. Auch spitze Scheren gehören nicht in Kinderhände. Wenn mit Salzteig gearbeitet wird, sollten Eltern den Teig vorbereiten und ihn nach dem Modellieren im Backofen backen.

Kerzen nie unbeaufsichtigt brennen lassen.

So wird's gemacht

VORLAGEN ÜBERTRAGEN

Mit Schablonen

Das Transparentpapier auf die Vorlage legen und alle Motivteile mit Bleistift abpausen. Das Transparentpapier auf einen dünnen Karton kleben und die Motive sorgfältig ausschneiden. Die so entstandenen Schablonen auf das entsprechende Papier legen, mit dem Bleistift umfahren und ausschneiden. Stabile Pappschablonen sind übrigens immer dann praktisch, wenn man die Schablone mehrmals benutzen möchte.

Mit Transparentpapier

Für diese Methode wird festes Transparentpapier verwendet. Das Transparentpapier auf die Vorlage legen und alle Motivteile mit einem weichen Bleistift abpausen. Das Transparentpapier umdrehen und die Zeichnung auf der Rückseite mit einem weichen Bleistift nachzeichnen. Das Transparentpapier wieder wenden und auf den passenden Karton legen. Dann die Linien noch einmal mit einem harten Bleistift nachfahren. So überträgt sich die Zeichnung auf die Unterlage. Diese Methode eignet sich auch sehr gut, um Gesichter zu übertragen.

MIT BUNTSTIFT SCHATTIEREN UND WANGEN RÖTEN

Bei manchen Motiven wird der Rand eines Motivs oder Motivteils schattiert. Dazu den Stift flach halten und mit wenig Druck am Rand des Motivs entlangfahren. Alternativ kann Buntstiftspäne verwendet werden, die beim Anspitzen eines Stiftes entsteht. Mit diesen Spänen lassen sich auch gut Wangen röten. Dazu einfach mit dem Finger etwas Späne aufnehmen und vorsichtig auf dem Karton verreiben.

Durch das Jahr

Weihnachten, Ostern, Erntedank, Sankt Martin – diese Festtage und die damit verbundenen Bräuche sind für Kinder besonders wichtig, nicht zuletzt, weil damit interessante Geschichten verbunden sind. Welche Rolle spielte der Engel in der Weihnachtsgeschichte, warum verschenken wir zu Ostern Ostereier und warum ist Martin ein Heiliger? Auf diese Fragen gibt es spannende Antworten, die mit kleinen Bastelarbeiten anschaulich vermittelt werden können. Auch zu weniger populären Festen wie Palmsonntag, Pfingsten oder Christi Himmelfahrt wird in diesem Kapitel gebastelt.

Dabei entstehen ein Engel, der eine frohe Botschaft überbringt, ein Nikolaus, der keinen roten Mantel trägt, sondern einen Bischofsstab in der Hand hält, mit viel Fantasie verzierte Kreuze, eine Himmelsleiter und eine Laterne in Form einer Gans. Diese Basteleien machen nicht nur Spaß, sondern erzählen auch eine Geschichte!

Adventskalender

jeden Tag eine kleine Überraschung

Alter

ab 5 Jahren

Motivhöhe

ca. 70 cm

Material

* dünner Lackmalstift in Gold
* Fotokleber
* evtl. Reißnägel

Zusätzlich
Briefchenkalender

* Tonpapier in Rot, Hellgrün und Dunkelgrün, 50 cm x 35 cm
* Goldpapierrest
* Schleifenband in Gold, 1,5 cm breit, 4 m lang

Sternenkalender

* Rolle Goldpapier, 50 cm x 200 cm
* Tonpapierreste in Rot, Hellgrün und Dunkelgrün
* Schleifenband in Rot, Hellgrün und Dunkelgrün, 1,5 cm breit, je 2 x 1,5 m lang
* dünner Permanentmarker in Rot

Vorlage

Bogen A

Briefchenkalender

1 Schablonen aller Einzelteile anfertigen und je acht Quadrate (12 cm x 12 cm) auf rotes, hellgrünes und dunkelgrünes Tonpapier übertragen und ausschneiden. Jedes Quadrat zum Brief falten. Dazu das Quadrat einmal senkrecht und einmal waagerecht in der Mitte falten. Nun alle vier Ecken zur Mitte falten (siehe Zeichnung auf dem Vorlagenbogen).

2 Die Faltung öffnen, einen Text in das Briefchen schreiben und die Ecken wieder zur Mitte falten. Man kann auch einen Zettel beschriften und hineinlegen. Insgesamt 24 Sterne, Herzen und Bäume auf rotes, hellgrünes und dunkelgrünes Tonpapier sowie auf den Goldpapierrest übertragen und ausschneiden. Auf jeden Brief mittig ein Herz, einen Stern oder einen Baum mit Fotokleber aufkleben.

3 Das Goldband in sechs gleich lange Teile von ca. 66 cm schneiden. Auf jedes Bandstück etwa 20 cm von oben vier Briefchen in einem Abstand von ca. 1 cm untereinander aufkleben. Das Band unten ca. 3 cm überstehen lassen und schräg abschneiden.

Ein bißchen Zeit für dich

Die kleinen Überraschungen im Adventskalender verkürzen die Zeit des Wartens auf Weihnachten. Aber es müssen nicht immer kleine Spielsachen oder Schokolade sein. Man kann auch schöne Unternehmungen, gemeinsame Zeit oder etwas Hilfe im Alltag verschenken, z. B. einen Kinobesuch, eine Runde Mensch-ärgere-dich-nicht oder die Spülmaschine ausräumen.

Sternenkalender

1 Von allen Teilen Schablonen fertigen und 24 Dreiecke sowie den Punkt in der Mitte auf das Goldpapier übertragen und ausschneiden. Aus jedem Dreieck einen Stern falten. Dazu alle drei Spitzen zum Mittelpunkt falten, sodass ein Sechseck entsteht. Die gefaltete Figur wenden. Eine der Faltkanten nach oben zum Mittelpunkt führen. Vor dem Falten die Spitze des darunterliegenden Dreiecks hervorziehen. Diese Faltung mit den anderen beiden Seiten wiederholen (siehe Zeichnungen auf dem Vorlagenbogen).

2 Den Faltstern wieder öffnen und das innen entstandene Dreieck mit rotem Permanentmarker beschriften. Den Faltstern wieder schließen. Damit der Stern von selbst zusammenhält, muss jeder Sternzacken den anderen halb überdecken. Je acht Sterne auf rotes, hellgrünes und dunkelgrünes Tonpapier übertragen und ausschneiden. Mit Goldstift beschriften und mit Fotokleber aufkleben.

3 Die Bänder auf eine Länge von 70 cm zuschneiden. Auf jedes Bandstück ca. 20 cm von oben die Sterne in einem Abstand von ca. 1 cm untereinander aufkleben. Darauf achten, dass die Zacken nicht mit angeklebt werden, da sonst der Stern nicht mehr geöffnet werden kann. Das Band unten ca. 3 cm überstehen lassen.

4 Die Bänder auf gleicher Höhe oder etwas versetzt nebeneinander an die Wand oder ans Fenster hängen und mit Klebestreifen oder Reißnägeln befestigen.

Sankt Nikolaus

heiliger Bischof von Myra

Alter

ab 7 Jahren

Motivhöhe

ca. 28 cm

Material

* Tonkarton in Rot, 50 cm x 70 cm
* Tonkarton in Weiß, A4
* Tonkartonreste in Hautfarbe, Grau, Gold und Schwarz
* Schaschlikstäbchen
* Pinsel
* Acrylfarbe in Schwarz
* Glitterliner in Weiß
* Buntstift in Orange
* Heißkleber

Vorlage

Bogen A

1 Alle Motivteile auf Tonkarton übertragen und ausschneiden. Das obere Teil des Bischofsstabs muss mit dem Cutter ausgeschnitten werden. Den seitlichen Bart auf das Gesicht kleben. Oben den Pony ankleben und unten den Rauschebart. Die rote Bischofsmütze aufsetzen, den weißen Rand mit Glitterliner bemalen und das Kreuz ergänzen. Das Gesicht mit Augen, Nase, Mund und Wangen bemalen.

2 Auf den roten Bischofsmantel die Verzierung kleben – zuerst das goldene und dann das weiße Teil –, mit Glitterliner bemalen und die kleinen goldenen Kreuze ergänzen. Die Hände von hinten an die Arme kleben. Hinter den roten Mantel die weiße, mit Glitterliner verzierte Tunika und darunter den goldenen Saum kleben. Zum Schluss den Kopf ankleben und die Linien mit schwarzem Filzstift aufmalen.

3 Die Schachtel falten, an den Klebeflächen zusammenkleben und den Bischof an einer Seite aufkleben. Von unten die Schuhe ankleben.

4 Die Spitze des Schaschlikstäbchens entfernen, das Stäbchen mit schwarzer Acrylfarbe bemalen und gut trocknen lassen. Den oberen Teil des Bischofsstabs auf den Stab kleben. Mit Glitterliner verzieren und trocknen lassen. Den Stab mit Heißkleber auf die Hand kleben und darüber die Finger platzieren. Hierbei sollte ein Erwachsener helfen.

Wer war der heilige Nikolaus?

Der heilige Nikolaus lebte vor vielen Hundert Jahren. Er war Bischof in einer Stadt namens Myra in der heutigen Türkei. Der heilige Nikolaus war ein sehr großzügiger und hilfsbereiter Mann, der Leuten, die in Not waren, mit Geschenken half. An diese guten Taten des Bischofs von Myra erinnert der Nikolaustag, an dem Kinder ihre Schuhe vor die Tür stellen, damit sie der heilige Nikolaus füllen kann.

Herbergssuche

Wer nimmt uns auf?

Alter
ab 4 Jahren

Motivhöhe
kleinstes Haus ca. 10 cm
größtes Haus ca. 24 cm

Material
Lichterstadt
* Getränketüten in verschiedenen Größen
* Acrylfarbe in Weiß, Pink, Orange, Lila, Gelb, Rot, Blau, Hellgrün, Gold, Türkis und Rosa
* Motivlocher: Stern, ø 1,5 cm
* Transparentpapierreste in Rot, Gelb, Pink, Orange, Hellgrün und Blau
* Lackmalstift in Gold
* Teelichter

Maria und Josef
* 2 Überraschungsei-Kapseln
* 2 Wattekugeln, ø 3 cm
* Acrylfarbe in Orange, Hautfarbe, Rosa, Hellbraun und Braun
* Lackmalstifte in Schwarz und Weiß
* Buntstift in Rosa
* Filzreste in Olivgrün, Lila, Blau und Hellblau, 1 mm stark
* Schaschlikstäbchen
* Heißkleber

Vorlage
Bogen A

Lichterstadt

1 Die Getränketüten nach Belieben zurechtschneiden und mithilfe einer spitzen Schere Fenster einschneiden. Schöne Fensterformen entstehen, wenn man Motivlocher verwendet. Die Getränketüten zunächst weiß grundieren und sehr gut trocknen lassen.

2 Nun jedes Haus nach Wunsch bemalen, wieder trocknen lassen und mit Goldstift verzieren. Die Fenster mit bunten Transparentpapierresten hinterkleben und die Teelichter hineinstellen.

Maria und Josef

1 Eine der beiden Überraschungsei-Kapseln orange bemalen und trocknen lassen. Die beiden Wattekugeln hautfarben bemalen. Nach dem Trocknen mit einem dünnen Pinsel Haare und Nasen aufmalen. Josef bekommt einen Bart. Die Augen, Augenbrauen und den Mund mit schwarzem Lackmalstift aufmalen und weiße Lichtpunkte ergänzen. Die Wangen mit rosa Buntstift färben.

2 Die Filzteile zuschneiden (Marias Umhang: 7 cm x 11 cm, Josefs Umhang: 5 cm x 9 cm, Josefs Kopfband: 7 mm x 10 cm, Marias Gürtel: 1 cm x 11 cm) und wie abgebildet aufkleben. Josef erhält einen Stab, für den das Schaschlikstäbchen auf eine Länge von 7 cm gekürzt wird. Diesen sollte ein Erwachsener mit Heißkleber anbringen.

Kein Platz in der Herberge
Sicher habt ihr euch schon gefragt, warum das Jesuskind in einem Stall geboren wurde und in einer Krippe auf Heu und Stroh liegen musste. Das kam so: Maria und Josef waren zu einer Volkszählung in Bethlehem, als Maria ihr Kind bekommen sollte. In der Herberge war aber kein Platz mehr für sie. Sie klopften dann an viele Türen und baten darum, die Nacht über bleiben zu dürfen. Aber sie wurden überall abgewiesen. So blieb ihnen nichts anderes übrig, als Unterschlupf in einem Stall zu suchen.

Weihnachtskrippe

Das Jesuskind ist geboren!

1 Den Rand der Quarkbecher abschneiden und je zwei Becher zusammenkleben. Auch den oberen Rand des quadratischen Joghurtbechers abschneiden, sodass der Becher ca. 3,5 cm hoch ist. Die Walnuss hellgelb bemalen.

2 Die Wattekugeln hautfarben bemalen und trocknen lassen. Die Gesichter wie abgebildet gestalten. Haare, Bart und Nasen mit einem feinen Pinsel aufmalen. Augen, Augenbrauen und Mund mit schwarzem Lackmalstift aufmalen und weiße Lichtpunkte ergänzen. Die Wangen mit Buntstift röten. Die beiden großen Wattekugeln auf die Quarkbecher, die kleine auf die Walnuss kleben.

3 Maria und Josef bekommen Umhänge aus Filz (Maria: 18 cm x 8 cm, Josef: 12 cm x 6 cm). Den grünen Chenilledraht um Josefs Kopf kleben, das Ende des braunen Chenilledrahts aufrollen und den Chenilledraht als Stab ankleben.

4 Den Joghurtbecher mit Baststücken füllen und das Jesuskind hineinlegen.

Warum wir Weihnachten feiern

Weihnachten ist das Fest, an dem wir die Geburt des Jesuskindes feiern. Weil Maria und Josef in Bethlehem keinen Platz in der Herberge gefunden haben, ist Jesus Christus in einem Stall zur Welt kommen. Maria legte ihn in eine Krippe auf Heu und Stroh und Ochs und Esel waren die ersten, die das Jesuskind begrüßen konnten.

Weihnachtsengel

verkündet die frohe Botschaft

Alter
ab 4 Jahren

Motivhöhe
ca. 19 cm

Material

* Fotokarton in Lila, Violett, Hautfarbe, Hellbraun, Gold und Creme, A4
* Glitterliner in Gold und Irisierend
* Motivlocher: Stern, ø 1,5 cm
* Lackmalstifte in Schwarz und Weiß
* Buntstift in Rosa und Hellbraun

Vorlage
Bogen A

1 Von allen Teilen Schablonen anfertigen, die Motive auf Fotokarton übertragen und ausschneiden.

2 Die einzelnen Motivteile mithilfe des Vorlagenbogens zusammenkleben und anschließend mit Glitterliner, Filzstiften und Buntstiften gestalten.

Was ist eigentlich ein Engel?

Ein Engel ist ein himmlisches Wesen, das oft mit Flügeln dargestellt wird. Das Wort „Engel" bedeutet „Bote". Ein Engel ist also ein Bote zwischen Gott und den Menschen. Wenn Gott den Menschen etwas Wichtiges sagen möchte, schickt er oft einen Engel. Auch die frohe Botschaft der Geburt Christi wurde den Menschen von einem Engel überbracht, der sagte: „Fürchtet euch nicht! Ich verkündige euch große Freude, denn euch ist heute der Heiland geboren."

Die Heiligen Drei Könige

folgen dem Stern

Alter
ab 5 Jahren

Motivhöhe
ca. 16 cm

Vorlage
Bogen A

Material
* Scrapbookpapier in Gelb, Hell-grün und Pink, je 10 cm x 10 cm
* Fotokartonreste in Hautfarbe, Hellbraun und Dunkelbraun
* Fotokarton in Gold, A4
* Motivlocher: Stern, ø 8 mm und 5 cm, und Blume, ø 1 cm
* Goldpapier, 2 x 10 cm x 10 cm
* Buntstifte in Gelb, Pink, Hell-grün und Dunkelbraun
* Lackmalstifte in Schwarz und Weiß

1 Die drei Mantelstücke aus Scrapbookpapier zurechtschneiden und die weiße Rückseite des Papiers mit Buntstift bemalen. Die linke und rechte Papierkante schräg zur Mitte falten (siehe Zeichnung auf dem Vorlagenbogen).

2 Für alle Einzelteile Schablonen anfertigen, die Motive übertragen und ausschneiden. Für die Knöpfe der Mäntel je ein Motiv mit dem Locher ausstanzen, auf die Knöpfe kleben und diese am Mantel befestigen. Die Köpfe und Kronen zusammenkleben, mit Lackmal- und Buntstiften gestalten und auf die Mäntel kleben.

3 Das Goldpapier zurechtschneiden, senkrecht und waagerecht sowie zweimal diagonal falten. Entlang der geraden Faltungen etwas einschneiden. Die so entstandenen Ecken zur diagonalen Faltlinie falten, sodass ein Stern mit vier Zacken entsteht (siehe Zeichnungen auf dem Vorlagen-bogen). Einen weiteren Stern genauso falten. Die beiden Sterne versetzt aufeinanderkleben. Den Schweif aus goldenem Fotokarton hinten am Stern befestigen.

4 Aus goldenem Fotokarton beliebig viele Sterne ausschneiden und zu den Königen und der Stern-schnuppe ans Fenster kleben.

Die Könige und der Stern

Die Heiligen Drei Könige aus dem Morgenland sahen zu der Zeit, als Jesus Christus geboren wurde, einen hellen Stern am Himmel aufgehen. Sie folgten dem Stern, der sie zur Krippe führte, und brachten dem Jesuskind kostbare Geschenke, nämlich Weihrauch, Myrrhe und Gold. Die Könige heißen Kaspar, Melchior und Balthasar.

Palmsonntag

traditionelle Palmbesen

1 Aus Krepppapier sieben bis acht Röschen anfertigen. Dazu ca. 15 cm x 12 cm große Kreppstücke zurechtschneiden. Die Struktur des Papiers sollte parallel zur kurzen Seite verlaufen. Das Papier mittig der Länge nach falten, die Kante noch zweimal 1 cm umschlagen. Das Papier nun zu einem Röschen zusammenrollen, dabei etwas rüschen. Mit Draht fixieren.

2 Die Röschen und die Zweige um das Schaschlikstäbchen herum anordnen und fest mit Blumendraht umwickeln, bis alles gut zusammenhält.

3 Den Draht und das Schaschlikstäbchen mit einem ca. 3 cm breiten und 50 cm langen Krepppapierstreifen, der vorher mit Klebestift eingestrichen wird, umkleben.

Alter
ab 6 Jahren

Motivhöhe
ca. 26 cm

Material
* 5 Zweige der Sal-Weide,
  12–13 cm lang
* 6–8 Buchszweige, 8–10 cm lang
* Krepppapier in Rosa oder Blau
* Schaschlikstäbchen
* Blumendraht
* Gartenschere

Woher kommt der „Palmbesen"?

Der sogenannte „Palmsonntag" erinnert an den Einzug Jesu Christi in Jerusalem. Als Jesus auf einem Esel in die Stadt ritt, wurde er von den Menschen begeistert empfangen. Zum Zeichen ihrer Verehrung bedeckten sie den Weg mit Palmenzweigen. Auch heute noch spielen „Palmenzweige" an diesem Tag eine Rolle. Da bei uns aber keine echten Palmen wachsen, verwenden wir „Palm"-Kätzchenzweige.

Gründonnerstag

das Letzte Abendmahl

Alter
ab 5 Jahren

Motivhöhe
ca. 17 cm

Material
* Brotbackmischung
* Mehl
* Schüssel
* Backpinsel

1 Den Brotteig nach Herstellerangaben zubereiten und ruhen lassen. Ein etwa faustgroßes Stück Teig abnehmen, aus dem Rest einen Laib formen und auf ein Backblech legen.

2 Das zurückbehaltene Stück teilen, aus einer Hälfte einen Kelch, die andere Hälfte zu kleinen Kugeln (Trauben), einem Blatt und einem Stiel formen. Alles auf dem Brotlaib anordnen und festdrücken. Mit Wasser bepinseln und nochmals ruhen lassen. Das Brot backen und auskühlen lassen.

Das letzte Abendmahl
Am Tag vor seinem Tod hat Jesus Christus noch einmal seine zwölf Jünger versammelt, um mit ihnen ein letztes Mal Brot und Wein zu teilen. Dieses Ereignis nennt man das „Letzte Abendmahl".

Karfreitag

individuell verzierte Kreuze

Alter
ab 5 Jahren

Motivhöhe
ca. 20 cm

Material
* Fotokarton in Hellblau, Gelb oder Rot, A4
* Hologrammfolie in Gold, A5
* Tonpapierreste in Gelb, Orange, Türkis und Dunkelblau
* 24 Glasnuggets in Rot, Gelb, Blau und Grün, ø 1,5–2 cm
* Buntstifte
* Glitterkleber in Rot

Vorlage
Bogen B

1 Von den Motivteilen Schablonen anfertigen, auf Fotokarton bzw. Hologrammfolie übertragen und ausschneiden. Das Kreuz nach eigenen Vorstellungen mit verschiedenen Materialien gestalten oder die abgebildeten Motive nacharbeiten.

2 Auf das rote Kreuz das schmalere Kreuz aus Hologrammfolie mittig aufkleben. Die bunten Glasnuggets auf den Rand des schmaleren Kreuzes kleben. Oben und unten je ein großes rotes Glasnugget kleben.

3 Das gelbe Kreuz mit Buntstiften bemalen. Ein 6 cm x 6 cm großes Quadrat aus orangefarbenem Tonpapier ausschneiden und in die Mitte des Kreuzes kleben. Mit rotem Glitterkleber innen ein kleines Rechteck aufmalen und das Quadrat damit umranden.

4 Auf das blaue Kreuz die Sonne und die Wellen aufkleben. Mit orangefarbenem Buntstift eine Spirale in die Sonne zeichnen. Mit Buntstiften einen Regenbogen in den obersten Teil des Kreuzes malen.

Das Kreuz
Das Kreuz ist eines der wichtigsten christlichen Symbole neben u. a. dem Fisch und dem Christusmonogramm (das sind die Anfangsbuchstaben des Namens Jesus Christus). Jesus Christus ist am Kreuz gestorben, deshalb wird es oft als Symbol des Todes verwendet. Es ist aber auch ein Symbol des Friedens und der Erlösung, die Christus uns durch seinen Tod und seine Auferstehung geschenkt hat.

Die Ostergeschichte

zum Nachspielen

Alter
ab 7 Jahren

Motivhöhe
ca. 30 cm

Material
Kalvarienberg

* Spanplatte oder Rückwand eines rahmenlosen Bilderhalters, hier 50 cm x 60 cm
* kleine Pappschachtel, hier 42 cm x 42 cm, 11 cm hoch
* Altpapier (2–3 Zeitungen)
* 20–30 Blatt Universalpapier in Weiß
* Tapetenkleister
* Acrylfarbe in Ocker, Hellgrün, Blau und Gold
* Schwamm oder Schaumstoffrolle (zum Auftragen der Farbe)
* kleine Kiefernzapfen, Rindenstücke, getrocknete Blüten, Steine
* Zweigstücke, ca. ø 5 mm
* Bastreste in Natur
* Tonpapier in Weiß, 50 cm x 70 cm
* Styroporkugel, ø 4 cm
* mittlerer Haar- oder Borstenpinsel
* Spielfiguren aus Plastik oder Holz, ø 1,3 cm, 2,5 cm hoch
* wasserfester Filzstift in Schwarz

Salzteig (zum Befestigen der Motive)

* Mehl
* Salz
* Plastikbecher (200 ml)
* Plastikschüssel

Vorlage
Bogen A

1 Den Tapetenkleister nach Herstellerangaben anrühren. Die Platte – am besten mit den Händen – dick mit Kleister bestreichen (die raue Seite des Bilderhalters zeigt nach oben). Die kleine Schachtel mit der geschlossenen Seite nach oben hinten in der Mitte auf das Brett kleben.

2 Das Zeitungspapier locker knüllen, mit Kleister bestreichen und auf die Platte setzen. Auf diese Weise wird die Landschaft gestaltet. Anschließend große Zeitungspapierstücke zurechtreißen und glatt auf die geknüllten Teile kleben. Weiße Universalpapierblätter einmal in der Mitte durchreißen und die ganze Landschaft damit überkleben, sodass diese eine glatte, weiße Oberfläche bekommt. Gut durchtrocknen lassen. Das dauert ein paar Tage.

3 Mit der Schaumstoffrolle oder einem Schwamm ockerfarbene Acrylfarbe auf die gesamte Fläche auftragen. Den Garten Gezemane und einzelne Stellen mit grüner Farbe gestalten, den See mit blauer Farbe aufmalen und alles gut trocknen lassen.

4 Von den Häusern Schablonen anfertigen, auf Tonpapier übertragen und ausschneiden (hier zwei Häuser mit 4 cm x 4 cm x 2,5 cm, vier Häuser mit 4 cm x 4 cm x 3 cm und ein Haus mit 5 cm x 5 cm x 4 cm). Die Faltlinien leicht anritzen und falten. Fenster, Türen und Treppen mit Filzstift aufmalen und die Häuser zusammenkleben. Für den Tempel die Styroporkugel mit einem kleinen Küchenmesser auseinanderschneiden. Eine Hälfte mit goldener Farbe bemalen, trocknen lassen und auf das größte Haus kleben. Zum Schluss die Häuser aufkleben und die Figuren mit wasserfestem Filzstift bemalen.

5 Die Zweigstücke zuschneiden und mit gespaltenen Bastresten zu drei Kreuzen zusammenbinden.

6 Für den Salzteig je einen Plastikbecher voll Mehl und Salz in eine Schüssel geben und mit etwas Wasser zu einem Salzteig vermischen. Diesen Teig zum Aufkleben des Naturmaterials (Bäume, Sträucher, Kreuze, Steine für die Grabeshöhle) verwenden. Ein kleines Stück Teig an die gewünschte Stelle geben, das Teil aufdrücken und einige Tage gut trocknen lassen. Mit Acrylfarbe noch sichtbare Salzteigreste bemalen.

Leiden, Tod und Auferstehung
Diese Landschaft zeigt die Orte, an denen Jesus gelitten hat und gestorben ist: den Garten Gezemane, in dem er verhaftet wurde, Jerusalem, wo ihn Pontius Pilatus zum Tod verurteilte, und den Berg Golgatha, auf dem er mit zwei Verbrechern gekreuzigt wurde. Es ist aber auch das leere Grab zu sehen, aus dem Christus von den Toten auferstanden ist.

Bunte Ostereier

im Kressebett

Alter
ab 5 Jahren

Motivhöhe
ca. 25 cm

Material
* ovale Spandose,
  12,5 cm breit,
  19 cm lang
* Watte-Eier,
  4,5 cm hoch
* Schaschlikstäbchen
* Filzstifte in Gelb,
  Orange, Blau und
  Grün
* Kressesamen
* Plastiktüte
* Holzblumen in Gelb,
  Orange und Rot, ø 3 cm
* lufttrocknende
  Modelliermasse
* Sprühflasche
  mit Wasser
* Watte

Eier zu Ostern
Ostereier haben als christlicher Brauch eine sehr lange Tradition. Sie werden bunt bemalt und zu Ostern verschenkt. Oft werden sie auch von Eltern versteckt und Kinder dürfen sie suchen. Das Ei ist in vielen Kulturen ein Symbol für das Leben. Im Zusammenhang mit Ostern wird das Ei als Symbol der Auferstehung Christi gedeutet.

1 Mit den Filzstiften verschiedene Muster auf die Watte-Eier malen. Dann die Eier auf die Schaschlikstäbchen stecken.

2 Die Holzblumen auf die Dose kleben. Die Modelliermasse zurechtschneiden, in die Dose legen und mit Watte bedecken.

3 Nun die Schaschlikstäbchen mit den Eiern in die Modelliermasse stecken. Hübsch sieht es aus, wenn die Schaschlikstäbchen auf unterschiedliche Längen gekürzt werden.

4 Mit der Sprühflasche die Watte leicht anfeuchten und dann die Kressesamen aufstreuen. Die Samen jeden Tag etwas mit Wasser besprühen, damit die Kresse gut wachsen kann.

Osterkerzen

bringen Licht ins Dunkel

Alter
ab 7 Jahren

Vorlage
Bogen A

Motivhöhe
ca. 13 cm

Material
Schäfchenkerze
* Kerze in Eiform in Weiß, 13 cm hoch
* Wachsplatten in Weiß, Hautfarbe, Gelb und Orange
* Wachsliner in Weiß und Braun
* Acrylfarbe in Orange und Schwarz
* Kerzenmalmedium
* Kugelschreiber

Hasenkerze
* runde Kerze in Weiß, 13 cm hoch
* Wachsplatten in Weiß, Gelb, Orange, Rot, Lila, Blau und Braun
* Wachsliner in Grün
* Acrylfarbe in Hellblau und Hellgrün
* Kerzenmalmedium

Kreuzkerze
* Kerze in Eiform in Weiß, 11,5 cm hoch
* Wachsplatten in Gold, Grün, Gelb und Orange
* Wachszierstreifen in Silber
* Wachsliner in Grün
* Kugelschreiber

Für alle Kerzen

Um die Motive zu übertragen, von den Einzelteilen Schablonen anfertigen, diese auf die Wachsplatten legen, mit einem Kugelschreiber umfahren und ausschneiden. Nun erst das Schutzpapier von der Rückseite der Wachsplatte entfernen. Die einzelnen Wachsteile am besten mit warmen Händen auf die Kerze drücken.

Schäfchenkerze

1 Die orangefarbene Acrylfarbe mit Kerzenmalmedium im Verhältnis 1:1 mischen, auf die Kerze auftragen und gut trocknen lassen.

2 Den Palmkätzchenzweig auf Transparentpapier durchpausen und das Papier auf der Rückseite mit Bleistift schraffieren. Das Papier mit der schraffierten Seite nach unten auf die Kerze legen und mit einem Kugelschreiber die Linien nachziehen, die sich so auf die Kerze übertragen. Die Linien mit dem braunen Wachsliner nachziehen und trocknen lassen. Nun die weißen Palmkätzchen malen und wieder trocknen lassen.

3 Zuerst den Körper des Schäfchen, dann den Kopf mit den Ohren aufsetzen, nun die Schäfchenhaare ergänzen. Zum Schluss die Blumen aufsetzen. Mit schwarzer Acrylfarbe das Gesicht gestalten.

Hasenkerze

1 Die Acrylfarben mit Kerzenmalmedium im Verhältnis 1:1 mischen, die hellblaue Farbe als Himmel auftragen und in Hellgrün die Wiese gestalten. Gut trocknen lassen.

2 Mit dem Wachsliner die Rasenstruktur aufmalen und wieder trocknen lassen. Den Hasen und den Schwanz aufsetzen, dann die Ostereier ergänzen.

Kreuzkerze

Das Kreuz zuerst, dann die Wachszierstreifen aufdrücken. Die beiden Stängel mit Wachsliner aufmalen und trocknen lassen. Unten die Narzissen und Blätter aufsetzen.

Das Licht der Osterkerze
In der Osternacht wird in der Kirche eine Osterkerze entzündet und so die Dunkelheit aus dem Kirchenraum vertrieben. Mit selbstgemachten Osterkerzen können wir dieses Licht auch zu Hause entzünden.

Christi Himmelfahrt

Himmelsleiter aus Fußabdrücken

Alter

ab 4 Jahren

Motivhöhe

ca. 85 cm

Material

* Fotokarton in Hellblau, Blau, Gelb, Weiß und Orange, je 50 cm x 70 cm
* Buntstifte in Lila, Rot, Orange, Gelb, Grün und Blau
* Lackmalstifte in Schwarz und Weiß

Vorlage

Bogen A

1 Die Umrisse von Kinderfüßen auf blauen Fotokarton übertragen und ausschneiden. Alle Füße zu einer Leiter anordnen und anschließend zusammenkleben.

2 Von Sonne, Mond, Sternen, Wolken, Regentropfen und Regenbogen Schablonen anfertigen, auf Fotokarton übertragen und ausschneiden. Mit Buntstiften und Lackmalstiften bemalen und auf die Himmelsleiter kleben.

In den Himmel aufgenommen

Nach der Auferstehung von den Toten an Ostern verbrachte Jesus Christus noch 40 Tage auf der Erde. Er traf sich noch einmal mit seinen Jüngern und sprach ihnen Mut und Zuversicht zu. Nachdem er geendet hatte, wurde er von einer Wolke umfangen und emporgehoben. Die Jünger wurde Zeugen dieses Geschehens, das wir heute Christi Himmelfahrt nennen.

Pfingsten

Wir gehören zusammen!

Alter
ab 6 Jahren

Motivhöhe
ca. 10 cm

Material
* Universalpapier in Weiß, A4
* Buntstifte in verschiedenen Farben

Vorlage
Bogen A

1 Das Universalpapier der Länge nach falten und entlang der Faltung durchschneiden, sodass zwei Streifen von ca. 30 cm x 10,5 cm Größe entstehen.

2 Einen Streifen zwei Mal in der Mitte falten und wieder öffnen. Die entstandenen vier Abschnitte an den Faltlinien wie eine Ziehharmonika zusammenfalten.

3 Die Figur so auf das gefaltete Papier übertragen, dass die Hände genau an den Faltkanten anstoßen. Die Figur ausschneiden. Vorsicht: Die Hände nicht durch- oder abschneiden. Wenn man das Papier wieder auffaltet, hat man eine Figurenreihe mit vier Figuren.

4 Nun können die Figuren nach Belieben mit Buntstiften ausgemalt werden. Mit dem zweiten Streifen genauso verfahren. Beide Figurenreihen an den Händen aneinanderkleben, sodass eine lange Kette mit acht Figuren entsteht.

Pfingsten – Gemeinschaft der Christen

Einige Zeit nach der Himmelfahrt Christi haben sich seine zwölf Jünger und Maria noch einmal getroffen. Auf einmal kam der Heilige Geist über sie und gab ihnen die Gabe, in vielen verschiedenen Sprachen zu sprechen. Gott wollte, dass sich die Jünger zu einer Gemeinschaft zusammentun – der Kirche –, um auf möglichst viele Menschen zuzugehen und sie für ihren Glauben zu gewinnen.

Fronleichnam

Blumenmandalas

Alter

ab 4 Jahren

Motivhöhe

ca. 30,5 cm und 33 cm

Material

* Fotokarton in Gelb oder Pink,
  50 cm x 70 cm
* festes Transparentpapier, A3
* gepresste Blumen

1 Mit dem Zirkel zwei Ringe von 30 cm
bis 33 cm Durchmesser und einer Rand-
breite von ca. 3 cm auf den Fotokarton
übertragen und ausschneiden. Mit Transparentpapier hinterkleben und die über-
stehenden Ränder abschneiden.

2 Aus den gepressten Blumen in der
Mitte beginnend ein Muster legen. Mit
flüssigem Klebstoff vorsichtig fixieren.

Fronleichnamsumzüge

Das Fronleichnamsfest ist ein wichtiger katholischer
Feiertag, an dem große Prozessionen, also Umzüge,
stattfinden. In vielen Städten werden an diesem Tag
die Straßen, durch die die Prozession führt, schön
geschmückt. Am beeindruckendsten sind die großen
Blumenteppiche, die aus einzelnen Blüten gelegt
werden.

Mariengrotte

für den Marienmonat Mai

Alter
ab 4 Jahren

Motivhöhe
ca. 21 cm

Material
* Fotokarton in Weiß, A4
* Acrylfarbe in Rehbraun
* Tonpapierreste in Hellgrün,
  Pink, Rosa, Gelb, Orange,
  Hellblau und Weiß irisierend
* Motivlocher:
  Blume, ø 1 cm und ø 2,5 cm,
  Blatt, 2,5 cm lang
* Marienbild (z. B. Postkarte),
  13 cm x 18 cm
* Lackmalstift in Gold
* Moosgummirest
* Korken
* Cutter mit geeigneter Schneide-
  unterlage

Vorlage
Bogen B

1 Von der Ziegelform und der Grotte Schablonen anfertigen. Die Ziegelform auf Moosgummi übertragen, ausschneiden und auf den Korken kleben.

2 Die Grotte auf weißen Fotokarton übertragen. Vor dem Ausschneiden die Grotte mit dem Stempel aus Moosgummi und Korken wie abgebildet bedrucken und trocknen lassen. Anschließend ausschneiden und mit einem Cutter die Türen einschneiden, mit dem goldenen Lackmalstift auf den Innenseiten Kreuze aufmalen.

3 Aus den Tonpapierresten Blätter und Blumen ausstanzen und um den unteren Rand des Marienbildes kleben. Das Bild von hinten an der Grotte fixieren.

Marienmonat Mai
Der Mai ist nicht nur der Wonnemonat des Jahres, sondern auch der Monat, der der Gottesmutter Maria gewidmet ist. In den Kirchen werden in dieser Zeit „Maialtäre" gestaltet. Auf dem Maialtar steht meist eine Marienstatue, die mit Blumen und Kerzen besonders schön geschmückt wurde.

Erntedank

die guten Gaben der Natur

Alter
ab 4 Jahren

Motivhöhe
ca. 50 cm

Vorlage
Bogen B

Material
* Fotokarton in Hellbraun,
  70 cm x 50 cm
* Tonpapierreste in Orange, Gelb,
  Grün , Hellgrün, Rot, Blau, Lila,
  Gold, Creme und Braun
* Glasnugget in Hellblau
* Filzstift in Braun

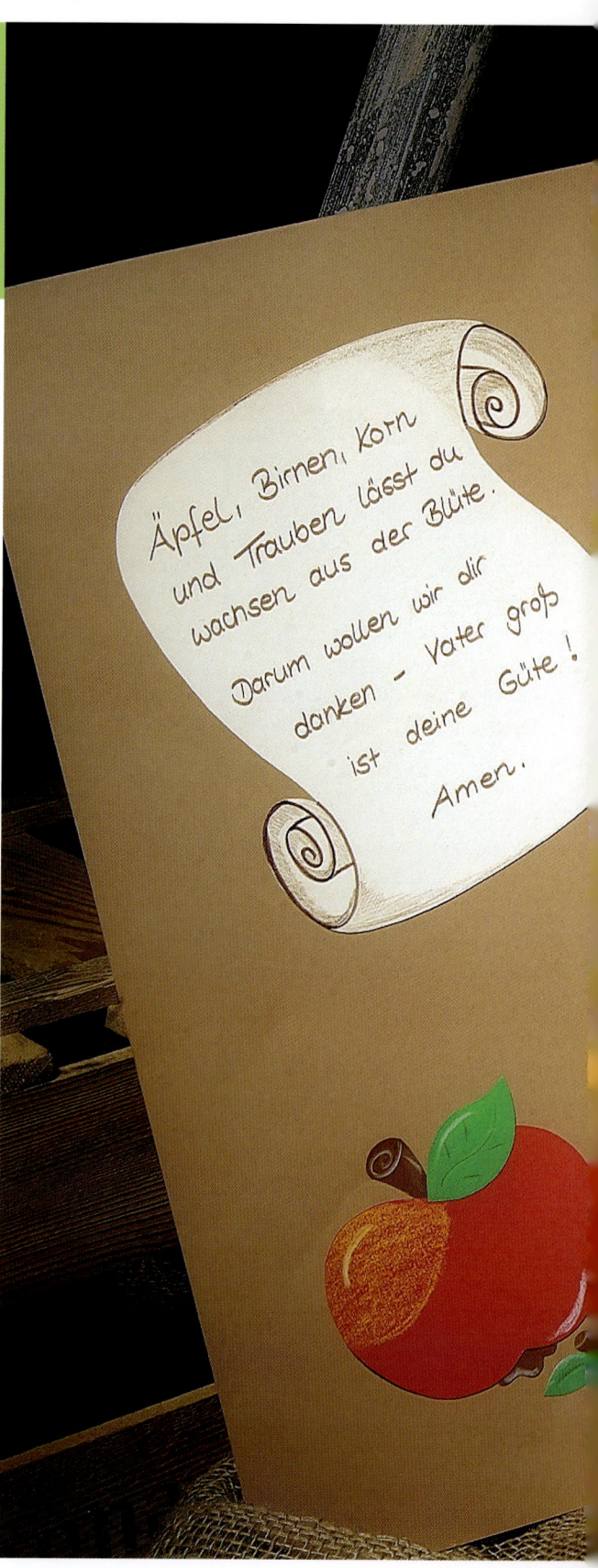

1 Von den Motiven Schablonen anfertigen, übertragen und ausschneiden. Die Früchte mit Buntstiften gestalten und auf den Fotokartonbogen kleben. Es macht übrigens auch großen Spaß, selbst Früchte zu entwerfen.

2 Das Gebet mit braunem Filzstift auf das cremefarbene Papier schreiben, ausschneiden und ebenfalls aufkleben.

3 Das Kreuz auf goldenes Tonpapier übertragen, aufkleben und mit dem Glasnugget verzieren.

Dankbar sein für die Gaben der Natur

Dass wir immer genug zu essen haben, ist nicht selbstverständlich. Viele Menschen auf der Welt müssen hungern. Deshalb feiern wir nach der Ernte im Herbst Erntedank, bei dem wir Gott für alle Gaben, die uns die Natur geschenkt hat, danken. In den Kirchen wird an diesem Tag Obst, Gemüse, Getreide und Ähnliches schön vor dem Altar aufgebaut.

Sankt Martin

teilt den Mantel

1 Einen Bogen des Transparentpapiers in den Karton legen, von jeder Farbe ca. vier bis fünf kleine Kleckse auftropfen. Die Murmeln dazulegen und kräftig hin- und herschütteln, sodass die Murmeln durch die Farben rollen. Mit dem zweiten Bogen Transparentpapier genauso verfahren.

2 Von allen Einzelteilen Schablonen anfertigen, übertragen und ausschneiden. Das Transparentpapier ebenfalls zuschneiden und an die Seitenteile kleben. Das Seitenteil der runden Laterne hat einen Durchmesser von 26 cm, das Transparentpapier ist etwas kleiner.

3 Sankt Martin, den Bettler und das Pferd auf Tonpapier übertragen, ausschneiden und aufkleben. Sterne ausstanzen und ergänzen. Kleinere Kinder können ihre Laterne auch nur mit Sternen verzieren.

4 Die Laterne mit dem Mittelstück (50 cm x 14 cm bzw. 60 cm x 14 cm) zusammenfügen. Mit der Lochzange zwei Löcher für den Laternenbügel stanzen und diesen darin befestigen.

Wer war der heilige Martin?

Zu Sankt Martin gehen überall Kinder mit ihren bunten und leuchtenden Laternen durch die Straßen. Aber wer war der heilige Martin eigentlich? Martin lebte vor sehr langer Zeit und war Bischof von Tours, einer Stadt in Frankreich. Der Legende nach traf der heilige Martin, als er noch ein junger Soldat war, in einem sehr harten Winter einen armen Bettler, der wegen der Kälte sehr fror. Der Bettler flehte die Vorübergehenden um Hilfe an, aber nur der heilige Martin hatte Erbarmen und teilte seinen Mantel mit ihm, das einzige wärmende Kleidungsstück, das er besaß. Für diese Barmherzigkeit ist der heilige Martin in die Geschichte eingegangen.

Martinsgans

leuchtende Laterne

Alter
ab 6 Jahren

Motivhöhe
ca. 37 cm

Material
* Fotokarton in Weiß,
  50 cm x 70 cm
* Tonpapier in Orange, A4
* Transparentpapier in Weiß,
  2 x 15 cm x 20 cm
* Chenilledraht in Rot,
  ca. 20 cm lang
* Buntstift in Blau
* Laternenkerzenhalter
* Laternenkerze
* Laternenbügel
* Laternenstab

Vorlage
Bogen B

1 Von allen Einzelteilen Schablonen anfertigen. Die Seitenteile zweimal, die Federn je Größe zweimal und das Zwischenstück einmal auf weißen Fotokarton, die Füße viermal und den Schnabel zweimal auf orangefarbenes Tonpapier übertragen und ausschneiden. Das Transparentpapier für die Flügel zweimal übertragen und ausschneiden.

2 Den Körper der Gans in der Mitte ausschneiden und mit Transparentpapier hinterkleben. Den Schnabel und je eine Feder einer Größe aufkleben. Die Wangen und die Federn mit blauem Farbstift gestalten. Augen, Nase und Mund mit Filzstift aufzeichnen. Das zweite Seitenteil genauso arbeiten, jedoch seitenverkehrt.

3 Je zwei Füße aneinanderkleben. An jeden Fuß ein Chenilledrahtstück von je ca. 5 cm Länge kleben. Den Chenilledraht mit Klebstoff am Körper fixieren.

4 Das Zwischenstück (36 cm x 14 cm) mit Lineal und einer kleinen, spitzen Schere einritzen, und zwar je 1 cm von den Längskanten (für die Kleberänder) und je 12 cm von den Querkanten entfernt. Das Zwischenstück entlang den eingeritzten Linien falten. Damit sich der Karton leichter falten lässt, die Kleberänder an den quer verlaufenden Faltlinien 1 cm tief einschneiden. Nun das Zwischenstück zwischen die beiden Seitenteile kleben.

5 Den Kerzenhalter mittig auf dem Zwischenstück anbringen. Links und rechts ca. 1 cm unterhalb des Rands je ein Loch für den Laternenbügel einstechen, den Draht durchziehen und verdrehen.

Sankt Martin und die Gänse
Zu Sankt Martin zieht man nicht nur mit Laternen durch die Straßen, sondern isst oft auch einen Gänsebraten, die sogenannte Martinsgans. Neben der Geschichte der Mantelteilung erzählt man sich noch eine andere über den heiligen Martin. Als Martin zum Bischof von Tours gewählt wurde, versteckte er sich im Gänsestall, weil er Angst hatte, dieses schwere Amt zu übernehmen. Die Gänse haben ihn jedoch mit ihrem aufgeregten Geschnatter verraten und so wurde Martin doch noch Bischof.

Die Bibel erleben

Die Bibel, das Buch der Bücher, steckt voller Geschichten. Es sind schöne und traurige, spannende und unglaubliche Geschichten. Sie erzählen von dem Hirtenjungen David, der den Mut hatte, gegen den Riesen Goliath anzutreten, von der Taube, die mit einem grünen Ölzweig Noah auf seiner Arche Hoffnung brachte, von einem Vater, der seinen Sohn verloren und wiedergefunden hat und einem guten Hirten, der seine Herde beschützt.

Hier gibt es also viele Geschichten, über die man staunen kann, aus denen man lernen kann – und zu denen man basteln kann. Es entstehen Fensterbilder und Mobiles, kleine Figuren aus Salzteig, eine lustige Klappkarte und Hand- bzw. Fingerpuppen, mit denen die Geschichten nachgespielt werden können. Viel Spaß dabei!

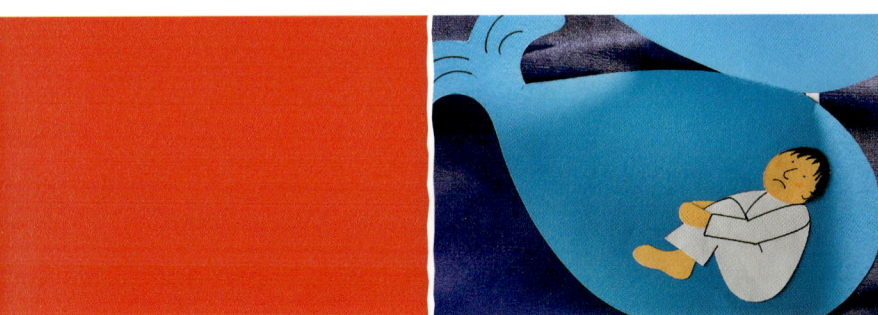

Der Anfang

die Erschaffung der Erde

Alter
ab 5 Jahren

Motivhöhe
Figuren ca. 5 cm

Material
* Fotokarton in Gelb,
  50 cm x 70 cm
* Fotokartonreste in Gelb,
  Pink, Hellblau, Hell-
  grün, Grün, Hellbraun,
  Rot und Weiß
* Aquarellstifte in Lila,
  Rot, Orange, Gelb, Hell-
  grün und Blau
* Nähseide in Hellgelb,
  pro Figur ca. 30 cm lang
* Wolle in Hellgelb,
  4 x 30 cm lang
* Nähnadel

Vorlage
Bogen B

1 Von allen Teilen Schablonen anfertigen, auf Fotokarton übertragen, ausschneiden und mithilfe des Vorlagenbogens zusammenkleben. Die einzelnen Figuren mit den Aquarellstiften bemalen, die Wolke und den Regenbogen anschließend mit Wasser bepinseln.

2 Für die Sonne zwei Kreise mit einem Radius von 17 cm aufzeichnen und ausschneiden. Die Strahlen 17 Mal anfertigen. Die Sonnen mit dem Aquarellstift orange bemalen und ebenfalls mit Wasser bepinseln. Die Strahlen auf die Rückseite einer der Sonnen kleben.

3 An der Sonne mit den Strahlen die Figuren befestigen. Dazu mit der Nadel einen Faden durch jede Figur ziehen und festknoten. Anschließend das andere Ende des Fadens durch die Sonne fädeln und auf der Oberseite mit Klebestreifen fixieren.

4 Die vier Wollfäden für die Aufhängung werden an der Sonne ohne Strahlen befestigt. Die Enden mit der Nadel durch den Karton fädeln und auf der Unterseite verknoten. Die beiden Sonnenteile werden nun noch mit der Ober- und der Unterseite aufeinandergeklebt.

Wie die Erde entstanden ist

Die allererste Geschichte in der Bibel handelt von der Erschaffung der Erde in sieben Tagen. Es wird berichtet, wie Gott Himmel und Erde geschaffen hat, Licht und Dunkelheit, Meer und Land, die Sonne, den Mond und die Sterne und die Tiere im Wasser, in der Luft und an Land. Am siebten Tag ruhte Gott, da er die Schöpfung vollbracht hatte.

Adam und Eva

im Paradies

Alter
ab 5 Jahren

Motivhöhe
ca. 34 cm

Material
* Fotokarton in Hell-
  grün, A3
* Fotokartonreste in
  Hautfarbe, Dunkelgrün,
  Grün, Olivgrün, Gelb,
  Orange, Pink, Rosa,
  Hellbraun, Dunkel-
  braun und Rot
* Buntstifte in ver-
  schiedenen Farben
* Motivlocher: Blume,
  ø 2,5 cm und ø 1,5 cm

Vorlage
Bogen B

1 Von allen Einzelteilen Schablonen anfertigen, auf Fotokarton übertragen und ausschneiden.

2 Die Mähne des Löwen von hinten an den
Kopf kleben, den Schwanz ebenfalls fixieren.
Das Gesicht aufmalen und gestalten.

3 Adam und Eva bekommen Haare und
werden ebenfalls bemalt. Evas Haar mit einer
ausgestanzten Blume verzieren. Beide hinter
je einen grünen Busch kleben, der vorher wie
abgebildet verziert wurde.

4 Den Apfelbaum zusammenfügen, die
Äpfel ergänzen und beides schattieren.
Die Schlange wie abgebildet fixieren und
gestalten.

5 Das lange Grasstück bemalen. Alle
Teile daran befestigen. Den Schmetterling
ergänzen.

Die ersten Menschen

Die Bibel erzählt nicht nur von der Erschaffung der Erde, sondern auch
von der Erschaffung der Menschen, die auf ihr leben. Die ersten Menschen waren Adam und Eva. Sie lebten in einem Paradies, das sich Garten Eden nannte. Sie lebten dort glücklich und zufrieden. Nur eines
hatte Gott ihnen verboten: Von den Früchten des Baumes der Erkenntnis
von Gut und Böse zu essen. Die Schlange machte Adam und Eva aber
neugierig, und so kosteten sie von den Früchten. Weil sie sein Verbot
missachtet hatten, vertrieb Gott Adam und Eva aus dem Paradies.

Arche Noah

Platz für viele Tiere

Alter	Material
ab 5 Jahren	✱ Fotokarton in Weiß, 50 cm x 70 cm
	und 70 cm x 90 cm
Motivhöhe	✱ Acrylfarbe in Braun, Hellbraun, Grün,
ca. 68 cm	Hellgrün und Hellblau
	✱ Aquarellstifte in Hautfarbe, Gelb, Orange,
Vorlage	Hellbraun, Braun, Violett, Rot, Rosa, Blau,
Bogen B	Hellblau, Grau und Hellgrau

1   Von allen Einzelteilen Schablonen anfertigen. Die Arche auf den kleineren Bogen Fotokarton übertragen, mit Acrylfarben ausmalen und nach dem Trocknen ausschneiden. Den Grashügel von Hand auf den größeren Bogen Fotokarton zeichnen. Er ist 90 cm breit und ca. 33 cm hoch. Den Hügel ausmalen und nach dem Trocknen ausschneiden. Die Arche auf den Grashügel kleben.

2   Noah und die Tiere auf Fotokarton übertragen, mit den Aquarellfarben ausmalen und mit Wasser bepinseln. Zum Schluss die Tiere und Noah ausschneiden und an der Arche und auf dem Hügel fixieren.

Die große Flut

Als Gott sah, dass die Menschen, die er erschaffen hatte, immer böser wurden, beschloss er, die Erde mit einer großen Flut zu überschwemmen, der Sintflut. Nur Noah und seine Familie wollte er retten. Gott beauftragte Noah also mit dem Bau einer Arche. Diese Arche musste sehr groß werden, da Noah von jedem Tier, das auf der Erde lebte, ein Paar mit in die Arche nehmen sollte. Nachdem sich alle in die Arche zurückgezogen hatten, fing es an zu regnen. Das Wasser stieg immer höher und nur die, die auf der Arche waren, überlebten die große Flut.

Friedenstaube

bringt Hoffnung

Alter
ab 5 Jahren

Motivhöhe
ca. 20 cm

Material
* Fotokarton in Weiß,
  50 cm x 70 cm
* Fotokartonrest in Gelb
* Aquarellstifte in Lila,
  Rot, Orange, Gelb,
  Hellgrün und Hellblau
* Wattekugel, ø 3 cm
* Watte-Ei, 4,5 cm x 3,5 cm
* 3 Federn in Weiß
* Schaschlikstäbchen
* Schleifenband in Hellblau,
  6 mm breit, 12 cm und
  50 cm lang
* Nylonfaden,
  ca. 20 cm lang
* Nadel

Vorlage
Bogen B

1 Von dem Regenbogen eine Schablone fertigen, auf Fotokarton übertragen und mit den Aquarellstiften wie abgebildet bemalen. Die Farben anschließend mit Wasser und einem weichen Pinsel ineinanderlaufen lassen. Nach dem Trocknen die zweite Seite genauso gestalten.

2 In die Wattekugel und das Ei mit einer Nadel Löcher für den Hals bohren. Das Schaschlikstäbchen auf eine Länge von 5 cm kürzen und einkleben. Das kurze Bändchen als Schal umbinden und die Federn als Schwanz einstecken.

3 Vom Schnabel und den Flügeln eine Schablone fertigen, übertragen, ausschneiden und ankleben. Der Schnabel wird vorher in der Mitte gefaltet. Die Augen mit Filzstift aufmalen.

4 In den Regenbogen zwei Löcher bohren. Oben das lange Band durchfädeln. Ein Loch für die Aufhängung in den Rücken der Taube bohren, den Nylonfaden mittig knicken und in das Loch kleben. Die offenen Enden durch das vorgesehene Loch im Regenbogen fädeln und verknoten.

Die Friedenstaube
Die Menschen und Tiere mussten sehr viele Tage auf der Arche ausharren. Nachdem es aufgehört hatte zu regnen, schickte Noah eine Taube aus, die mit einem grünen Olivenzweig im Schnabel zurückkehrte. Da wusste Noah, dass sie nun bald die Arche verlassen und auf der Erde ein neues Leben beginnen konnten. Deshalb ist die Taube ein Zeichen des Friedens und der Hoffnung.

Daniel in der Löwengrube

vertraut auf Gott

Alter
ab 5 Jahren

Motivhöhe
ca. 26 cm

Material
* Fotokarton in Weiß, Braun und Hellbraun, A4
* Fotokartonreste in Rotbraun, Hautfarbe und Hellblau
* Buntstifte in Blau, Braun, Gelb und Rosa

Vorlage
Bogen A

1 Von allen Einzelteilen Schablonen fertigen, auf Fotokarton übertragen und ausschneiden.

2 Die Mähnen, die Nasen und die Schwanzspitzen auf die Löwenkörper kleben. Die Motivteile mit den Buntstiften wie abgebildet bemalen und das Gesicht mit Filzstift aufmalen.

3 Daniels Gewand mit dem blauen Buntstift bemalen. Den Kopf von hinten daran befestigen und die Haare ankleben. Die Hände an die Ärmel kleben, diese wiederum am Gewand befestigen. Die Füße von hinten ankleben. Alles wie abgebildet bemalen.

Daniels Gottvertrauen

Der König, der zu Zeiten Daniels regierte, erließ den Befehl, zu keinem anderen Gott außer ihm selbst zu beten. Daniel aber wollte nicht aufhören, an seinen Gott zu glauben und ihn um Hilfe zu bitten. Deshalb ließ ihn der König in die Löwengrube werfen, damit ihn die wilden Tiere auffressen. Weil Daniel aber so treu gewesen war, blieb Gott bei ihm und beschützte ihn. So konnten ihm die Löwen nichts anhaben.

David und Goliath

ein ungleicher Kampf

Alter
ab 7 Jahren

Motivhöhe
ca. 15 cm bis 25 cm

Material
* Küchenrolle, ø 4,5 cm,
  26 cm lang
* Alufolie, 30 cm breit
* Krepppapierreste in Rot,
  Hellblau und Dunkelblau
* Fotokartonreste in
  Hautfarbe und Schwarz
* Tonpapier in Hellblau,
  15 cm x 20 cm
* Tonpapierrest in Braun
* Wolle in Schwarz,
  ca. 3 cm lang
* Silber- und Goldkartonrest
* Goldpapier, matt,
  20 cm x 30 cm
* Schaschlikstäbchen,
  20 cm lang
* Ziersteine in Rot, Blau,
  Grün und Violett, ø 5 mm
* Heftgerät

Vorlage
Bogen A

1 Von allen Einzelteilen Schablonen herstellen und auf den entsprechenden Karton oder das passende Papier übertragen. Die Gesichter der Figuren werden mit schwarzem Filzstift und rotem Farbstift gestaltet.

2 Für die Soldaten die Küchenrolle auf eine Länge von 13 cm kürzen und mit Alufolie (20 cm x 30 cm) bekleben. Überstehende Alufolie oben und unten nach innen umschlagen. Die Rolle oben in der Mitte zusammenheften.

3 Rotes oder blaues Krepppapier auf die Größe von 14 cm x 14 cm zuschneiden. Einen Zentimeter oben umfalten und das Krepppapier als Mantel am oberen Rand der Küchenrolle ankleben.

4 Den Helm auf den Kopf des Soldaten kleben. Die Seitenteile des Helms etwas nach vorne biegen und den Kopf oben auf den Körper kleben. Die Speerspitze an das Schaschlikstäbchen kleben und mit Klebstoff am Mantel fixieren.

5 Für den König die Küchenrolle auf eine Länge von 13 cm kürzen und mit Goldpapier bekleben. Das überstehende Goldpapier oben und unten nach innen umschlagen. Den Mantel (14 cm x 14 cm) aus dunkelblauem Krepppapier zuschneiden und an den Schultern festkleben. Die Haare hinten am Kopf befestigen. Die Krone mit Ziersteinen bekleben und am Kopf fixieren.

6 Goliaths Körper wird wie bei den Soldaten beschrieben gebastelt, nur dass anstatt der Küchenrolle ein Bogen Fotokarton (A4) zusammengerollt wird. Dazu den Karton auf eine Durchmesser von 7 cm zusammenrollen, zusammenkleben und anschließend mit einem Stück Alufolie (30 cm x 30 cm) bekleben.

7 Goliath bekommt einen Mantel aus Krepppapier (23 cm x 23 cm). Etwa 1 cm Krepppapier oben umschlagen und ankleben. Auf das Schwert mit Permanentmarker eine schwarze Schlangenlinie malen.

8 David bekommt einen Körper aus einer 11 cm langen Küchenrolle, die mit hellblauem Tonpapier beklebt wird. Das Wollstück hinter der Schleuder mit Klebstoff befestigen. Den Kopf wie oben beschrieben arbeiten, zusätzlich Haare mit schwarzem Filzstift aufmalen.

Der Kleine gegen den Großen

Bevor David König wurde, war er ein einfacher Hirtenjunge, der seine Schafe hütete und sie beschützte. Dass David tapfer und mutig war, zeigt die Geschichte von David und Goliath. David besuchte seine Brüder, die Soldaten waren, im Feldlager. Unter den Feinden war ein Mann namens Goliath. Er war ein Riese und niemand traute sich, gegen ihn zu kämpfen. Nur der Hirtenjunge David war mutig genug. Mit einer einfachen Schleuder tötete er den Riesen Goliat.

Jona und der Wal

im Bauch des Fisches

Alter
ab 6 Jahren

Motivhöhe
ca. 13 cm

Material
* Fotokarton in Blau, A4
* Fotokartonrest in Weiß
* Universalpapierrest in Weiß
* Buntstifte in Blau und Hautfarbe

Vorlage
Bogen A

1 Von allen Einzelteilen Schablonen herstellen, den Wal auf blauen, die Fontäne auf weißen Fotokarton übertragen und ausschneiden. Den Wal an der markierten Linie falten.

2 Augen, Nase, Mund und Flossen mit schwarzem Filzstift aufmalen. Die Fontäne oben ankleben.

3 Jona ohne die gestrichelten Linien auf weißes Papier übertragen und ausschneiden. Gesicht, Hände und Füße mit einem hautfarbenen Stift ausmalen. Haare und Gesicht sowie das Gewand mit schwarzem Filzstift gestalten. Ältere Kinder schneiden Kopf, Hände und Fuß aus naturfarbenem Tonpapier aus.

4 Jona in den Fischbauch kleben. Durch Auf- und Zuklappen kann man Jona verschwinden und wieder auftauchen lassen.

Der große Auftrag
Jona erhielt von Gott den Auftrag, in die Stadt Ninive zu gehen. Er sollte die Menschen, die sich von Gott abgewandt hatten, ermahnen, zu Gott zurückzukehren. Jona wollte aber nicht, ihm fehlte der Mut. Er lief vor dem Auftrag Gottes einfach davon und bestieg ein Schiff, um weit wegzufahren. Auf dem Meer kam ein heftiger Sturm auf und da die Schiffsmannschaft der Meinung war, Jona sei daran schuld, warfen sie ihn einfach über Bord. Gott wollte aber nicht, dass Jona stirbt. Deshalb schickte er einen großen Fisch, der Jona verschluckte und ihn nahe der Stadt Ninive wieder ausspuckte. Jona merkte nun, dass er den Auftrag Gottes annehmen musste, und ging nach Ninive, um die Leute zu bekehren.

Barmherziger Samariter

hilft seinen Mitmenschen

Alter
ab 5 Jahren

Motivhöhe
ca. 12 cm

Material
* Tonpapierreste in Weiß, Gelb, Hautfarbe, Orange, Hellblau, Rot und Violett
* Fotokartonrest in Braun
* Buntstifte in verschiedenen Farben
* Lackmalstift in Gold
* Wolle in Schwarz, ca. 4 cm lang
* kleine, spitze Schere

Vorlage
Bogen A

1 Von allen Motivteilen Schablonen herstellen, übertragen und ausschneiden. Die Armlöcher der Figuren mit der kleinen, spitzen Schere ausschneiden und die Gesichter aufmalen.

2 Die Tütenfigur zusammenkleben, die Spitze 2,5 cm nach hinten umknicken und festkleben. Das Gesicht etwa 5 mm bis 1 cm unterhalb des Knicks aufkleben. Die Haare und das Kleid nach Belieben mit Stiften gestalten.

3 Auf den Esel auf beiden Seiten mit schwarzem Filzstift die Mähne, Augen, Nase, Mund, Ohren und Hufe malen. Das Wollstück als Schwanz aufkleben, das Schwanzende etwas ausfransen.

Ein Beispiel für Nächstenliebe

Ein Mann, der gerade auf Reisen war, wurde von Räubern ausgeraubt und blieb schwer verletzt am Wegesrand liegen. Mehrere Leute kamen vorbei – darunter auch ein Priester. Sie ließen den Verletzten aber einfach liegen und gingen weiter. Erst ein Mann aus Samarien – ein Samariter – hatte Mitleid. Er versorgte die Wunden des Verletzten und brachte ihn in Sicherheit. Die Geschichte des barmherzigen Samariters zeigt uns, dass wir unseren Mitmenschen helfen sollen, auch denen, die wir nicht kennen.

Der verlorene Sohn

findet Vergebung

Alter

ab 5 Jahren

Motivhöhe

ca. 35 cm

Material
pro Figur

* Styroporkugel, ø 6 cm
* Wattekugel, ø 1,5 cm bzw. ø 1 cm (Frau)
* Wackelaugen, ø 1,2 cm
* Acrylfarbe in Hautfarbe und Rot
* dicker Haar- oder Borstenpinsel
* Stoff in verschiedenen Farben
* Wollreste in Schwarz, Weiß oder Rotbraun
* 3 Zahnstocher
* Teelichthülle aus Metall, ø 3,5 cm, 1,5 cm hoch
* Stecknadeln
* dünner Haushaltsgummiring, ca. ø 3,5 cm
* Bleistiftspitzer
* kleine spitze Schere
* dickes Stück Styropor
  (zum Einstecken der Holzstäbe)
* Rundholzstab, ø 5 mm, 30 cm lang

pro Schwein

* Fotokartonrest in Rosa
* Chenilledrahtstück in Rosa, 10 cm lang
* Holzflachstab, 1,5 cm breit, 5 mm stark,
  25 cm lang

Vorlage

Bogen A

Figuren

1 Alle Holzstäbe mit einem Bleistiftspitzer an einer Seite anspitzen. Die Styroporkugeln auf die Spitze stecken und mit hautfarbener Acrylfarbe bemalen. Die Holzstäbe in das Styroporstück stecken und trocknen lassen. Die Kugeln noch einmal mit der gleichen Farbe bemalen und wieder trocknen lassen.

2 Den Zahnstocher in der Mitte durchbrechen und die Wattekugeln für die Nasen aufstecken. Mit hautfarbener oder roter Acrylfarbe bemalen und trocknen lassen. Die Nasen mit dem Zahnstocher in die Köpfe – etwas oberhalb der Mitte – stecken. Die Wackelaugen aufkleben und Mund und Wangen mit rotem Buntstift aufmalen.

3 Aus Wollresten ca. 25 Fäden mit einer Länge von 20 cm zuschneiden. Alle Wollfäden mit einem kurzen Wollstück in der Mitte zusammenknoten und die Haare zurechtschneiden – vorne kürzer und hinten etwas länger. Mit Klebstoff am Kopf befestigen. Man kann auch ein ca. 3 m langes Wollstück auf dem mit Klebstoff bestrichenen Kopf drapieren. Die Frau bekommt keine Haare, dafür wird ein Stück Stoff – genauso groß wie das Kleid – auf dem Kopf und am Kinn mit Stecknadeln festgesteckt.

4 Verschiedene Stoffstücke auf 40 cm x 40 cm zurechtschneiden. Der verlorene Sohn bekommt ein schäbiges und ein schönes Kleid zum Auswechseln.

5 Den Kopf vom Holzstab abnehmen. Mit der spitzen Schere ein Loch in die Mitte des Teelichtbodens stechen. Den Stab etwa 5 cm unterhalb dem angespitzten Ende mit einem Gummiring umwickeln. Die Teelichthülle von oben aufsetzen, sodass sie auf dem Gummiring aufliegt. Das Stoffstück mittig über die Stabspitze legen und den Kopf aufstecken. Man kann die Figuren auch ohne Teelichthülle basteln, dann sehen sie aber etwas dünn aus.

••• Weiter geht es auf Seite 60

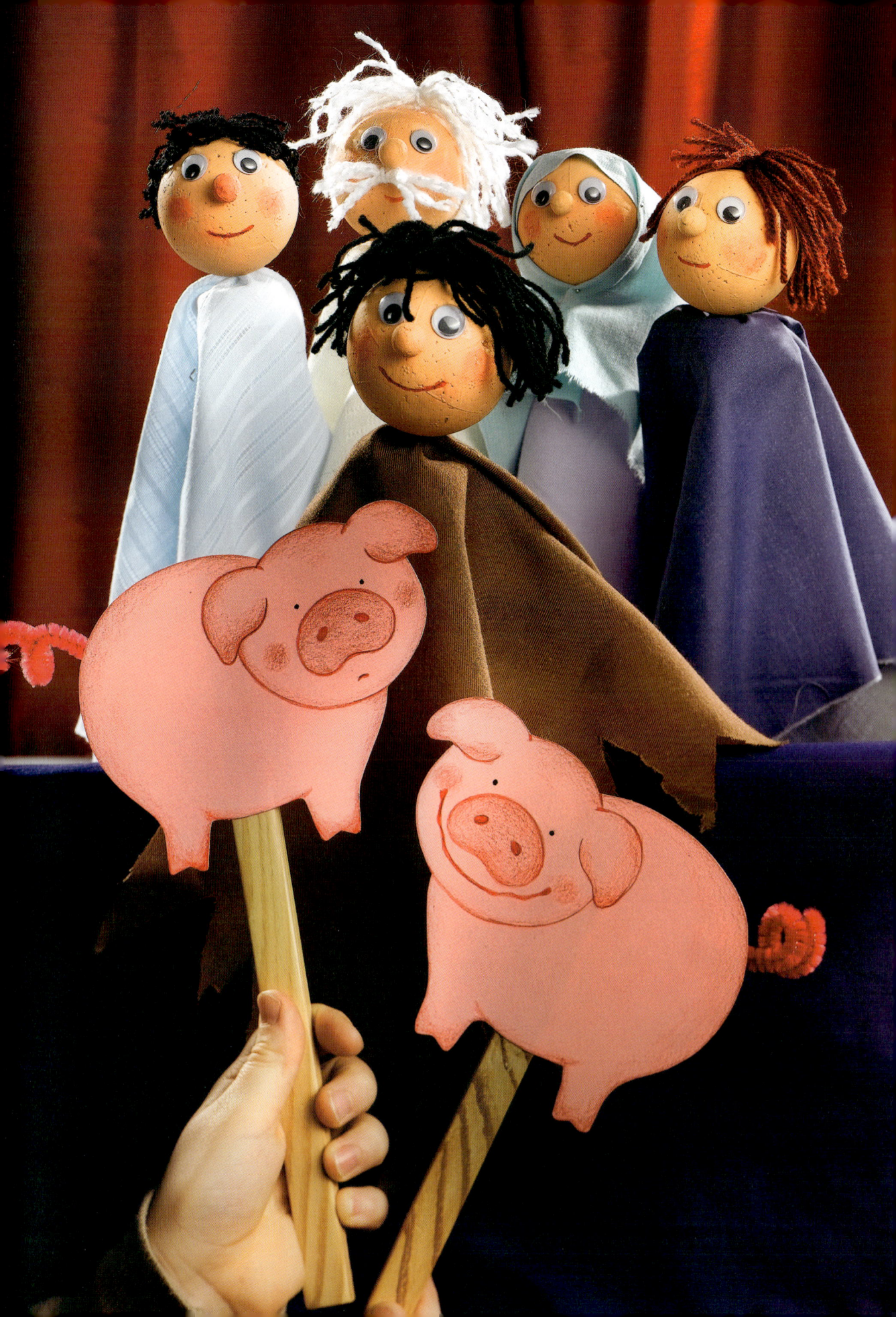

Schweine

1 Die Schweine auf Fotokarton übertragen und ausschneiden. Die Konturen von Kopf, Ohren und Schnauze mit rotem Buntstift nachfahren und das Gesicht gestalten. Einen roten Stift schräg halten und den Kopf, den Körper, die Schnauze, die Stirn, die Ohren, die Wangen, die Füße und den Bauch schattieren.

2 Den Chenilledraht zweimal um den Zeigefinger wickeln, vorsichtig lösen und als Schwanz hinten an den Körper kleben. Den Holzstab von hinten ankleben.

Verloren und wiedergefunden

Ein Sohn verlangt von seinem reichen Vater das Geld, das er später erben sollte. Er verließ sein Elternhaus und gab alles Geld für Glücksspiel, Feste und vieles mehr aus. Als er alles verloren hatte, musste er als Tagelöhner arbeiten und Schweine hüten. Da beschloss er, demütig zu seinem Vater zurückzukehren und ihn um Verzeihung zu bitten. Sein Vater vergab ihm und nahm ihn wieder als seinen Sohn auf. So hat der Vater seinen verlorenen Sohn wiedergefunden.

Maria und Jesus

aus Salzteig

Alter	Zutaten Salzteig	Material
ab 6 Jahren	✳ 2 Tassen Mehl	✳ Salzteig
	✳ 1 Tasse Salz	✳ Messer
Motiv-höhe	✳ etwa 1 Tasse Wasser	✳ Nudelholz
ca. 14 cm	✳ ½ TL Speiseöl	✳ Acrylfarbe in Hautfarbe, Pink, Dunkelblau, Braun und Hellblau
Vorlage		
Bogen A		

1 Den Salzteig nach Rezept zubereiten. Die Figur direkt auf dem Backblech zusammensetzen.

2 Aus einem Stück Salzteig eine Kugel (ca. ø 4 cm) formen. Oben etwas platt drücken. Für das Kleid den Teig zu einer ca. 1,5 cm dicken Platte ausrollen. Die Vorlage auflegen und die Form mit dem Messer ausschneiden. Die Kanten glatt streichen und etwas abrunden. Die obere Seite mit wenig Wasser bestreichen und an den Kopf kleben.

3 Ein kleines Stück Teig zu einem 17 cm x 3 cm großen und 3 mm bis 4 mm dicken Rechteck ausrollen. Dieses als Schleier wie abgebildet um Marias Kopf legen, vorher wieder mit Wasser bestreichen.

4 Für das Jesuskind eine Kugel (ca. ø 2 cm) als Kopf und eine weitere (ca. ø 3 cm) als Körper modellieren. Die größere Kugel flach drücken, sodass ein Oval entsteht und beide Kugeln zusammenfügen. Die Rückseite mit Wasser bestreichen und an Marias Kleid befestigen.

5 Im Backofen härten (Ober-/Unterhitze):

50° C	60 Minuten
75° C	180 Minuten
100° C	60 Minuten
125° C	60 Minuten

Sollten sich Blasen bilden, diese mit einer Nadel aufstechen und die Temperatur zurückdrehen. Die Figur ist fertig gebacken, wenn sie dem Druck einer Gabel oder Nadel nicht mehr nachgibt. Nach dem Auskühlen wie abgebildet bemalen.

Jesus und die Kinder

schöne Gemeinschaftsarbeit

Alter
ab 6 Jahren

Motivhöhe
ca. 51 cm

Material
* Fotokarton in Weiß, A3
* Fotokarton in Grau, A5
* Fotokartonreste in Hautfarbe,
  Gelb, Orange, Rot, Rosa,
  Bordeaux, Hellgrün, Hellblau,
  Blau und Lila
* Buntstifte in Orange, Blau
  und Dunkelblau
* Abstandsklebepads
* Kinderfotos
  (Aufkleber, 2,6 cm x 3,9 cm)

Vorlage
Bogen B

1 Von allen Motivteilen Schablonen anfertigen, übertragen und ausschneiden. Das Gesicht auf den Bart kleben und oben mit Abstandsklebepads den Pony ankleben. Die Ohren und den Hals hinzufügen. Das Gesicht mit Augen, Mund und Wangen gestalten. Die Wangen mit rotem Buntstift färben. Den Haaren mit Bleistift Struktur geben.

2 Den Kragen auf das Gewand kleben. Seitlich die dunkelblauen Ärmelränder anbringen und die Hände dahinter befestigen. Unten die Füße hinterkleben. Den Kopf oben hinter den Körper kleben. Das Gewand, Hände und Füße bemalen.

3 Die Fotos auf kleine Rechtecke (3,6 cm x 4,7 cm) aus Fotokarton kleben und mit Abstandsklebepads auf das Gewand kleben.

Kinder sind wichtig

Als Jesus vor einer großen Menschenmenge sprach, wollten einige Leute ihre Kinder zu ihm bringen und sie segnen lassen. Die Jünger versuchten, die Leute fernzuhalten, aber Jesus sprach: „Lasst die Kinder zu mir kommen; hindert sie nicht daran! Denn Menschen wie ihnen gehört das Himmelreich."

Der gute Hirte

beschützt seine Schafe

Alter
ab 5 Jahren

Motivhöhe
Schäfer ca. 18 cm

Schaf ca. 10 cm

Material
* Tonpapier oder Fotokarton in Weiß und Hautfarbe, A4
* Tonpapier- oder Fotokartonreste in Grün und Hellbraun
* Buntstifte in Rosa und Orange

Vorlage
Bogen B

1 Den Bart des Hirten, die Wolle für Kopf und Körper des Schafs auf weißes, den Schafkörper, das Ohr, das Gesicht und die Hände des Hirten auf hautfarbenes, Hut und Schuhe auf hellbraunes und den Mantel auf grünes Tonpapier übertragen und ausschneiden.

2 Den Bart auf den Kopf kleben, den Hut an der markierten Stelle einschneiden, den Schäferkopf durchstecken und festkleben. Den Hutrand, die Augen und den Mund mit Filzstift aufzeichnen. Nase und Wangen mit rotem Farbstift gestalten.

3 Den Kopf auf den Mantel kleben. Die Hände zwischen die Ärmel, die Schuhe unten an den Mantelsaum kleben. Ärmel und Stab mit schwarzem Filzstift nachzeichnen.

4 Die Wolle auf den Körper und den Kopf des Schafs kleben. Das Ohr mit etwas Klebstoff unter der Wolle am Kopf fixieren.

5 Augen, Nase und Mund mit Filzstift aufzeichnen. Ohren, Wangen und Füße mit rotem Buntstift aufmalen.

Der Herr ist mein Hirte

Einer der bekanntesten Texte der Bibel ist der Psalm (was soviel bedeutet wie „Lied"), der Gott als einen Hirten beschriebt, der seine Herde hütet. Gott behütet und beschützt uns wie ein Schäfer seine Schafe. Er gibt uns Ruhe und Zuversicht, er zeigt uns den Weg, wenn wir nicht mehr weiter wissen. Gott ist bei uns auch in schlechten Zeiten und Gefahren, wenn alles dunkel und trostlos erscheint. Nichts wird uns fehlen, wenn wir auf Gott vertrauen.

Christliche Werte

Mit anderen Menschen zusammenzuleben – in der Familie, im Kindergarten, in der Schule – ist manchmal gar nicht so einfach. Es gibt viele Konfliktsituationen, Momente, in denen man sich mit den Gefühlen und Problemen der anderen auseinandersetzen muss. Kindern beizubringen, wie man seinen Mitmenschen mit Respekt und Achtung begegnet, ist ein wichtiges Thema in der Erziehung. Christliche Werte und Tugenden wie Nächstenliebe, Hoffnung, Glaube und Mut nehmen hier einen hohen Stellenwert ein.

Mut haben, auf Außenseiter zuzugehen, anderen Menschen Hoffnung geben, ein offenes Ohr haben für Sorgen und Nöte der Mitmenschen, sich selbst nicht immer in den Vordergrund stellen, sondern anderen zu helfen – all diese Werte und Eigenschaften sollen mit den Bastelarbeiten anschaulich und verständlich gemacht werden.

Beten

Gebetswürfel

Alter
ab 5 Jahren

Motivhöhe
ca. 6 cm

Material
* Fotokarton in Gelb oder Blau, A4
* Buntstifte in verschiedenen Farben oder Goldstift, Stärke 0,8 mm
* kleine, spitze Schere

Vorlage
Bogen B

Tisch- und Abendgebete
Im Alltag beten wir meistens vor dem Essen und vor dem Schlafengehen. Lasst doch einfach den Würfel entscheiden, welches Gebet heute gesagt wird.

1 Von dem Würfel eine Schablone herstellen, auf Fotokarton übertragen und ausschneiden. An den gestrichelten Linien mit Lineal und kleiner, spitzer Schere einritzen.

2 Auf jeder Würfelseite ein Tischgebet mit Buntstiften bzw. ein Abendgebet mit Goldstift aufschreiben. Den Würfel zusammenfalten und an den Klebelaschen zusammenkleben.

Glauben

bunte Fische

Alter
ab 5 Jahren

Motivhöhe
ca. 12 cm bis 15 cm

Material
* Fotokarton in Weiß, A3
* Aquarellstifte in Hellblau, Dunkel-
  blau, Pink, Gelb, Orange, Hellgrün,
  Türkis und Himbeere
* Fotos

Vorlage
Bogen A

1 Die Fische übertragen und ausschneiden. Wie abgebildet bemalen
und danach mit Wasser und Pinsel
verwaschen. Nach dem Trocknen das
Gesicht ergänzen.

2 Das gewünschte Foto passend
zuschneiden und von hinten an den
Fisch kleben.

Symbol des Glaubens

Der Fisch ist ein Symbol des christlichen Glaubens, das schon sehr alt ist. Schon die ersten
Christen haben es verwendet. Auch heute zeigt
man gerne mit einem Fisch-Symbol (z. B. als
Aufkleber auf dem Auto), dass man an Gott
glaubt.

Gerecht sein

Kinder über dem Regenbogen

Alter
ab 7 Jahren

Motivhöhe
ca. 22 cm

Material
* Fotokarton in Gelb, Orange, Rot, Hellgrün und Blau, A4
* Fotokartonreste in Weiß, Lila, Rosa, Pink, Rotbraun, Hautfarbe, Schwarz, Dunkelbraun und Hellblau
* Buntstifte in Orange und Rot

Vorlage
Bogen A

1 Schablonen anfertigen und die Einzelteile übertragen und ausschneiden. Die Haare auf die Köpfe kleben und diese auf die Körper. Die kleine Schleife platzieren. Die Gesichter bemalen und die Wangen mit Buntstiftabrieb färben.

2 Die Streifen des Regenbogens aus Tonkarton fertigen. Nun von oben nach unten den Regenbogen zusammenkleben. Dafür zuerst auf den roten Ring bis zur Hälfte den orangefarbenen Ring kleben. Nun den gelben Ring mittig auf den orangefarbenen Ring kleben. So mit den nächsten Farben fortfahren. Zum Schluss die Ringe so abschneiden, dass die Form eines Regenbogens entsteht.

3 An beiden Enden eine weiße Wolke aufkleben. Hinter dem Regenbogen die Kinder platzieren.

Alle Menschen sind gleich

Auch wenn es in der Welt oft nicht gerecht zugeht, wenn viel Unrecht passiert und viele Menschen leiden müssen, sind eigentlich doch alle Menschen gleich. Dabei kommt es nicht auf die Religion oder die Hautfarbe an oder ob jemand arm oder reich ist. Alle Menschen verdienen Achtung, Zuwendung und Liebe.

Lieben

Sorgenpüppchen für Freunde

Alter
ab 5 Jahren

Motivhöhe
ca. 6 cm

Material
* Chenilledraht in Pink, Gelb,
  Orange, Hellblau und Hellgrün,
  je 8,5 cm und 13 cm lang
* 5 Holzperlen in Natur, ø 1,2 cm

Vorlage
Bogen A

1 Das längere Drahtstück in der Mitte knicken und die Kugel aufstecken.

2 Das kürzere Stück unter das doppelt gelegte Chenilledrahtstück legen, das linke Ende nach rechts und das rechte Ende nach links biegen (siehe auch Skizze auf dem Vorlagenbogen).

Zuhören und aufmerksam sein
Eine ganz wichtige Botschaft der Bibel lautet: „Liebe deinen Nächsten wie dich selbst." Was Nächstenliebe bedeutet, hat uns z. B. der barmherzige Samariter in der Bibel oder der heilige Martin gezeigt. Auch wir sollten unseren Mitmenschen helfen, ihnen mit Aufmerksamkeit begegnen und ein offenes Ohr für ihre Sorgen und Nöte haben. Dafür stehen die Sorgenpüppchen, denen man alles anvertrauen kann, was einen bedrückt.

Das Wahre erkennen

Gut und Böse unterscheiden

Alter
ab 4 Jahren

Motivhöhe
ca. 22 cm

Material
* Fotokarton in Gelb und Hellgrün, A3
* Tonpapierreste in Pink, Pastellgelb und Pastellgrün
* Gummiband in Weiß, je ca. 40 cm lang (pro Kind individuell abmessen)

Vorlage
Bogen B

Verborgenes sehen
Manchmal sind Oberflächlichkeiten irreführend und nicht leicht zu durchschauen. Aber oft lohnt es sich, hinter das Offensichtliche zu blicken und Verbogenes zu finden.

1 Die Masken auf Fotokarton übertragen und ausschneiden. Die restlichen Teile aus Tonpapier anfertigen und aufkleben.

2 Die Gesichter wie abgebildet gestalten. Mit Bleistift die Augen und die Nase aufzeichnen und ausschneiden.

3 Mit einer Nadel oder spitzen Schere zwei Löcher für das Gummiband bohren, das Band durchfädeln und verknoten.

Hoffnung geben

Leuchtturm und Schiff

Alter
ab 6 Jahren

Motivhöhe
Leuchtturm ca. 31 cm
Segelschiff ca. 18 cm

Material
Leuchtturm
* Küchenpapierrolle, ø 4,5 cm,
  26 cm lang
* Tonpapier in Weiß und Rot, A4
* Tonpapierreste in
  Schwarz und Gelb
* Holzperle in Rot, ø 1,5 cm

Segelschiff
* Plastikschale,
  8 cm x 13 cm x 5 cm
* Schaschlikstäbchen
* Tonpapier in Rot-Weiß
  gestreift, 12 cm x 12 cm
* Tonpapierrest in Rot
* Tonpapier in Blau,
  21 cm x 25 cm
* Wattekugel, ø 1,5 cm
* Permanentmarker in Schwarz

Vorlage
Bogen A

Leuchtturm

1 Das weiße Tonpapier auf 26 cm x 17 cm zuschneiden und die Küchenrolle damit bekleben.

2 Zwei Streifen auf rotes Tonpapier übertragen und ausschneiden. Auf einen Streifen das Balkongeländer übertragen und mit schwarzem Filzstift nachzeichnen. Diesen Streifen oben und den anderen 7 cm vom unteren Rand auf die Rolle kleben. Den gelben Streifen übertragen, ausschneiden, schwarze Streifen einzeichnen und am oberen Rand des Turms aufkleben.

3 Zweimal das Fenster, die Türe und das Dach auf schwarzes Tonpapier übertragen und ausschneiden. Die Fenster und die Türe aufkleben. Das Dach an der gestrichelten Linie zusammenkleben und mit Klebstoff oben auf dem Turm fixieren. Die Perle mit etwas Klebstoff auf die Dachspitze kleben.

Hoffnung und Zuversicht
Ein Leuchtturm zeigt den Schiffen auf See den Weg, warnt sie vor gefährlichen Untiefen und zeigt, dass das Ufer nicht mehr fern ist. Auch der Glaube schenkt uns Hoffnung und Zuversicht und leuchtet uns den Weg.

Segelschiff

1 Die Wattekugel mit dem Loch nach oben 5 cm vom vorderen Rand mittig auf den Schalenboden kleben und trocknen lassen.

2 Das Segel auf rot-weiß gestreiftes, die Fahne auf rotes Tonpapier und das Wasser auf blaues Tonpapier übertragen und ausschneiden.

3 Das Schaschlikstäbchen auf 18 cm kürzen. Die Fahne oben an die Spitze, das Segel am Stab ankleben. Das Schaschlikstäbchen in das Loch der Wattekugel kleben. Mit etwas Klebstoff das Segel am hinteren Rand des Schiffes fixieren.

4 Das Schiff mit Permanentmarker beschriften und auf das Wasser stellen.

Achtsam sein

Spiel: Ein Tag mit Leon und Lena

Alter

ab 6 Jahren

Motivhöhe

Spielfiguren ca. 5,5 cm

Material

* Fotokarton in Gelb,
  50 cm x 70 cm
* Fotokarton in Hellgrün,
  A4
* Tonpapier in Weiß,
  50 cm x 70 cm
* Buntstifte in verschie-
  denen Farben
* Musterbeutelklammer,
  ø 8 mm, 2 cm lang

Vorlage

Bogen A

1 Den Kreis auf gelben Fotokarton, Ring und die beiden Uhrzeiger auf weißes Tonpapier übertragen und ausschneiden.

2 Die schmalen Felder des weißen Rings in Regenbogenfarben ausmalen. Den Ring mittig auf den gelben Kreis kleben. Den kleinen Uhrzeiger mit orangefarbenem, den großen mit blauem Farbstift ausmalen. Beide Zeiger auf die Musterbeutelklammer stecken, diese in der Kreismitte durch den Karton stecken und auf der Rückseite links und rechts auseinanderbiegen.

3 Für die Spielfiguren zwei Streifen (12 cm x 5 cm) aus weißem Tonpapier ausschneiden und einmal der Länge nach falten. Je eine Figur übertragen und ausschneiden, sodass je Streifen zwei Spielfiguren entstehen. Diese beiden Teile bis zu den Knien genau aufeinanderkleben. Leon und Lena auf der Vorder- und Rückseite ausmalen, die Knie an der gestrichelten Linie entlang mit einer kleinen spitzen Schere einritzen und die Beine nach vorne und hinten falten, sodass die Figuren stehen können.

4 Den Würfel (Vorlage „Beten", Seite 68) auf hellgrünen Fotokarton übertragen, ausschneiden, einritzen, falten und zusammenkleben. Drei Seiten mit einem Punkt den Rest mit zwei Punkten bemalen. Uhrzeiten und „Start" mit Buntstift auf die weißen Spielfelder schreiben. Nun kann gespielt werden.

Spielanleitung

Leon und Lena werden am Startfeld aufgestellt. Gewürfelt wird abwechselnd. Gezogen wird entsprechend der gewürfelten Zahl. Wer auf ein Feld mit einer Uhrzeit kommt, liest das Ereignis vor und darf entsprechend reagieren. Dabei ist es egal, ob der Spieler mit der Leon- oder der Lenafigur spielt.

Ereignisse

7.30 Uhr: Lena wird mit dem Frühstück nicht fertig. Leon macht für sie das Pausenbrot. Ein Feld vor.

7.45 Uhr: Leon läuft schon voraus in die Schule. Obwohl Lena ruft, wartet er nicht auf sie. Einmal aussetzen.

9.30 Uhr: Im Pausenhof streiten sich zwei Mädchen. Lena schlichtet den Streit. Ein Feld vor.

14.07 Uhr: Leon hilft Lena bei den Hausaufgaben. Ein Feld vor.

15.43 Uhr: Leon möchte gerne von Lena ein Buch ausleihen. Sie gibt es ihm aber nicht. Einmal aussetzen.

16.10 Uhr: Lena ist traurig. Sie hat ihren kleinen Teddy verloren. Leon versucht sie zu trösten und schenkt ihr seine letzte Tafel Schokolade. Ein Feld vor.

18.00 Uhr: Lena will ihre Lieblingssendung im Fernsehen schauen. Leon will aber lieber Fußball sehen und schaltet einfach um. Einmal aussetzen.

20.21 Uhr: Leon kann nicht einschlafen. Lena liest ihm etwas aus seinem Lieblingsbuch vor. Ein Feld vor.

Mutig sein

flauschige Fingerpüppchen

Alter
ab 6 Jahren

Motivhöhe
ca. 7,5 cm

Material
* Fotokartonreste in Weiß, Schwarz und Hellbraun
* Wolle in Weiß und Schwarz, je Schaf ca. 8 cm und ca. 80 cm lang

Vorlage
Bogen A

1 Die Grundform auf Fotokarton übertragen und ausschneiden. An den Seiten zu Kegeln zusammenkleben.

2 Den Kegel mit Klebstoff einstreichen und das Ende der Wolle an der Spitze fixieren. Die Wolle um den Kegel wickeln, dabei immer wieder festdrücken.

3 Die Köpfe aus Fotokarton ausschneiden und gestalten. Die kurzen Wollstücke aufrollen und am Kopf festkleben. Die Köpfe an den Schafkörpern befestigen.

Mut tut gut
Manche Menschen sind ein bisschen anders als die meisten und werden deshalb ausgeschlossen oder unfreundlich behandelt. Anders zu sein ist aber nicht schlimm. Deshalb sollten wir gerade auf diese Menschen zugehen und uns um sie kümmern.

Autorinnen | Impressum

Birgit Karl wurde 1982 in der Nähe von Regensburg geboren, wo sie bis heute – mit Freund Thomas und Hund Bonnie – lebt. Gebastelt und gemalt hat sie eigentlich schon immer. Autorin beim frechverlag wurde sie eher zufällig: 2006 nahm sie am Kreativwettbewerb zum Thema „Adventskalender" teil und wurde mit dem ersten Platz ausgezeichnet. Einige Monate später hielt sie dann das erste Buch in den Händen, an dem sie mit ihrem Modell beteiligt war.

Eva Sommer wurde in Schweinfurt geboren und hat einen erwachsenen Sohn. Sie beschäftigt sich seit sie denken kann mit Zeichnen, Malen und Basteln. Trotz der oft knapp bemessenen Freizeit lässt sie es sich nicht nehmen, an einem Abend in der Woche in einer Malgruppe bei einem Künstler an ihrer Kreativität zu arbeiten. Beruflich ist sie seit vielen Jahren als Kindergartenleiterin tätig und ist daher mit den Interessen und Vorlieben dieser Altersgruppe bestens vertraut. Beim frechverlag hat sie schon zahlreiche Bastelbücher für Kinder veröffentlicht.

Anja Ritterhoff lebt mit ihrem Mann und ihrem kleinen Sohn in Lübeck an der Ostsee. Sie war jahrelang als Erzieherin im Kindergarten tätig und leitete in ihrer Geburtsstadt Hamm Kunst- und Vorschulförderkurse für Kinder. Sie malt naive, plakative Bilder für Kleinkinder, die sie auch individuell zur Geburt beschriftet. Zurzeit bildet sie sich an der Werkkunstschule für Kommunikationsdesign in Lübeck weiter.

Die Autorinnen danken den Firmen Rayher, Laupheim, KnorrPrandell, Lichtenfels, und Marabu, Tamm, für die freundliche Bereitstellung von Material.

MODELLE: Tamara Franke (Seite 5 Mitte); Birgit Karl (Seite 12/13, 14/15, 16, 17, 18, 19, 28/29, 32, 33, 34/35, 36/37, 42/43, 44/45, 46/47, 48/49, 50/51, 61, 69, 72, 73, 79); Anja Ritterhoff (Seite 5 unten, 10/11, 25, 26/27, 62/63, 70/71); Eva Sommer (Seite 8/9, 20/21, 22–24, 30/31, 38/39, 52/53, 54/55, 56/57, 58–60, 64/65, 68, 74/75, 76–78); Armin Täubner (Seite 5 oben)

PRODUKTMANAGEMENT: Cosima Joerger

LEKTORAT: Katrin Hartmann

LAYOUT: Petra Theilfarth

FOTOS: frechverlag GmbH, 70499 Stuttgart; Foto Lehner, Altfalter (Seite 13, 15, 16, 17, 18, 19, 29, 32, 33, 34/35, 37, 38, 42/43, 44/45, 48/49, 50/51, 61, 69, 72, 73, 79), lichtpunkt, Michael Ruder, Stuttgart (Seite 9, 10, 21, 22/23, 25, 27, 30/31, 38, 46/47, 53, 54, 57, 59, 62, 65, 68, 70/71, 75, 76/77, 78); Lichtblick, Jochen Frank, Laichingen (Cover unten rechts, Seite 1 rechts, 3 oben); fotolia, Günter Menzl (Seite 6), fotolia, Hallgerd (Seite 40), fotolia, Marzanna Syncerz (Seite 66); Ullrich & Co., Renningen (Seite 4/5)

DRUCK UND BINDUNG: Korotan d.o.o., Ljubljana, Slowenien

Auflage: 5.   4.   3.   2.   1.
Jahr: 2013   2012   2011   2010   2009   [Letzte Zahlen maßgebend]

© 2009 **frechverlag** GmbH, 70499 Stuttgart

ISBN 978-3-7724-5622-0
Best.-Nr. 5622

WIR SIND FÜR SIE DA!
Bei Fragen zu unserem umfang-
reichen Programm oder Anregungen
freuen wir uns über Ihren Anruf
oder Ihre Post. Loben Sie uns, aber
scheuen Sie sich auch nicht, Ihre
Kritik mitzuteilen – sie hilft uns,
ständig besser zu werden.
Das Produktmanagement erreichen
Sie unter:

pm@frechverlag.de

oder:

frechverlag
Produktmanagement
Turbinenstraße 7
70499 Stuttgart
Telefon 07 11 / 8 30 86 68

LERNEN SIE UNS BESSER KENNEN!
Fragen Sie Ihren Hobbyfach- oder
Buchhändler nach unserem kosten-
losen Kreativmagazin **„Meine kreative
Welt"**. Darin entdecken Sie viertel-
jährlich die neuesten Kreativtrends
und interessantesten Buchneuheiten.
Oder besuchen Sie uns im Internet!
Unter **www.frechverlag.de** können
Sie sich über unser umfangreiches
Buchprogramm informieren, unsere
Autoren kennenlernen sowie aktu-
elle Highlights und neue Kreativtech-
niken entdecken, kurz – die ganze
Welt der Kreativität.
Kreativ immer up to date sind Sie mit
unserem monatlichen **Newsletter** mit
den aktuellsten News aus dem frechverlag, Gratis-Bastelanleitungen und
attraktiven Gewinnspielen.

TOPP – Unsere Servicegarantie